AF315039

DÉCRET

relatif aux

ENGAGEMENTS

VOLONTAIRES

DANS LES

TROUPES MÉTROPOLITAINES

PARIS

LIBRAIRIE VUIBERT

63, Boulevard Saint-Germain, 63

PROGRAMMES

ÉLÈVE OFFICIER DE RÉSERVE (concours pour l'obtention du titre d') . . . . 0 fr. 30

Ce programme indique les conditions à remplir pour faire, en qualité de sous-lieutenant, une partie des deux années de service militaire. Elles se résument en ceci : avoir subi avec succès, à la fin de la première année, un examen militaire pratique et des épreuves écrites d'instruction générale dont le détail est énuméré dans la brochure.

BREVET SPÉCIAL D'APTITUDE MILITAIRE
0 fr. 30

Les jeunes gens ont un grand intérêt à connaître les conditions d'obtention de ce brevet qui permet de choisir le corps où ils désirent entrer, de devenir rapidement sous-officiers et d'accomplir les six derniers mois du service militaire en qualité de sous-lieutenant.

Ecoles de sous-officiers élèves officiers (Infanterie : Saint-Maixent ; Cavalerie : Saumur ; Artillerie : Fontainebleau ; Génie: Versailles). — Une broch. 18/12^{cm} de 118 pages . . . 1 fr. »
Ecole Polytechnique . . . . 0 fr. 50
Ecole spéciale militaire de Saint-Cyr . . . . . 0 fr. 30
Ecole Navale . . . . 0 fr. 30
Ecole du service de Santé militaire . . . . 0 fr. 30
Interprète militaire de réserve et de l'armée territoriale (conditions à remplir pour l'obtention du grade d') . . 0 fr. 30
Certificat d'aptitude à l'enseignement de la Gymnastique
0 fr. 30

LOI MILITAIRE. — Edition complète comprenant la liste des *Emplois réservés aux engagés et rengagés*, les divers tableaux annexes et les dispositions de la loi du 15 juillet 1889 concernant les engagements et rengagements dans l'armée de mer. — Brochure 18/12^{cm} . . . . 0 fr. 30

APTITUDE PHYSIQUE AU SERVICE MILITAIRE et aptitude particulière aux différentes armes (Infanterie, cavalerie, artillerie, génie, aéronautique, régiment des sapeurs-pompiers, gendarmerie et garde républicaine, train des équipages militaires, artificiers, ouvriers d'artillerie et d'administration, infirmiers militaires). *Instruction ministérielle du 22 octobre 1905, tenue au courant).* — Forte brochure 18/12^{cm} de 78 pages
0 fr. 50

LOI SUR L'INSCRIPTION MARITIME (*Loi du 24 décembre 1896*). — Broch. 18/12^{cm} . . . . 0 fr. 30

ENGAGEMENTS VOLONTAIRES

DANS LES TROUPES MÉTROPOLITAINES

DÉCRET DU 27 JUIN 1905

modifié par les décrets des 11 septembre 1906, 3 juin 1910, 13 février 1911, 27 avril 1912 et 30 janvier 1913.

Le Président de la République française,

Vu la loi du 21 mars 1905 et notamment les articles 23, 26, 50, 52 et 53, relatifs aux engagements volontaires ;

Sur le rapport du ministre de la guerre,

Décrète :

Article premier. — Tout homme qui demande à contracter un engagement volontaire pour servir dans l'armée de terre doit être sain, robuste et bien constitué et satisfaire, selon le corps où il désire servir, aux conditions de taille et d'aptitude fixées dans le tableau joint au présent décret.

Art. 2 ([1]). — Les engagements ne peuvent être reçus que pour les corps de troupe d'infanterie, de cavalerie, d'artillerie, du génie, pour les troupes d'aéronautique et le train des équipages militaires.

Ils sont admis à toute époque de l'année.

Toutefois, ils peuvent être suspendus partiellement par une décision du ministre de la guerre, suivant les besoins du service.

([1]) Modifié par les décrets des 13 février 1911 et 30 janvier 1913.

— 4 —

Art. 3. — L'engagé indique le corps dans lequel il désire servir.

Une instruction ministérielle déterminera les cas dans lesquels l'autorisation du gouverneur militaire ou du commandant de corps d'armée est nécessaire.

L'engagé peut toujours être changé de corps ou d'arme lorsque l'intérêt ou les besoins du service l'exigent.

Art. 4. — Le jeune homme qui demande à s'engager se présente devant un commandant de bureau de recrutement.

Cet officier supérieur, après s'être assuré, avec l'assistance d'un médecin militaire, ou, à défaut, d'un docteur en médecine désigné par l'autorité militaire, que le jeune homme n'a aucune infirmité ni maladie apparente ou cachée, qu'il est d'une constitution saine et robuste, qu'il a la taille et qu'il réunit les conditions exigées pour servir dans le corps où il désire entrer, lui délivre un certificat d'aptitude.

Le chef du corps où désire entrer l'engagé peut également délivrer ce certificat, après visite de l'un des médecins sous ses ordres.

Art. 5 (¹). — Muni du certificat d'aptitude que lui a délivré l'autorité militaire, le contractant se présente :

En France, devant le maire d'un chef-lieu de canton ;

En Algérie, devant le maire de l'une des villes ci-après : Alger, Aumale, Blidah, Bouffarick, Bordj-Ménaïel, Cherchell, Dellys, Douera, Goléah, Marengo, Médéah, Miliana, Orléansville, Tenès, Tizi-Ouzou ;

Aïn-Témouchent, Arzew, Saint-Cloud, Saint-Denis-du-Sig, Mascara, Mostaganem, Nemours, Oran, Relizane, Saïda, Sidi-Bel-Abbès, Tiaret, Tlemcen ;

(¹) Modifié par le décret du 3 juin 1910.

Aïn-Beïda, Batna, Biskra, Bordj-bou-Arreridj, Bône, Bougie, Collo, Constantine, Djidjelli, Guelma, Jemmapes, la Calle, Mondovi, Philippeville, Sétif, Souk-Ahras, Tébessa ;

En Tunisie, devant les officiers de l'état civil désignés par arrêté du résident général.

Il justifie de son âge par pièces authentiques. Indépendamment d'un extrait de son casier judiciaire, qu'il doit se procurer par l'intermédiaire d'un commandant de recrutement, il produit un certificat de bonnes vie et mœurs et, s'il y a lieu, selon le cas, l'un des consentements prévus par l'article 50 de la loi du 21 mars 1905 (§ 6º et alinéas suivants).

Si le·casier judiciaire relate une condamnation tombant sous le coup de l'article 5 de la loi, l'engagement n'est reçu pour aucun corps, même pour un bataillon d'infanterie légère d'Afrique. Toutefois, le jeune homme qui a subi une de ces condamnations peut s'engager au titre d'un corps du service général, pour trois, quatre ou cinq ans, s'il a bénéficié de la loi du 26 mars 1891, sauf dans le cas où il aurait été condamné pour avoir fait métier de souteneur.

Art. 6. — Le maire constate l'identité du contractant et lui fait déclarer devant les deux témoins exigés par l'article 37 du Code civil :

1º Qu'il n'est ni marié, ni veuf avec enfant ;

2º Qu'il n'est lié au service armé de terre ou de mer ni dans l'armée active, ni dans la réserve de ladite armée, ni dans l'armée territoriale, ni comme inscrit maritime.

Ladite déclaration est insérée dans l'acte d'engagement.

Art. 7. — Si le contractant désire bénéficier de la disposition contenue dans les derniers alinéas de l'article 50 de la loi, relatifs aux engagements dits de devancement d'appel, il doit en faire la demande par écrit et produire à l'appui de cette demande le certificat d'aptitude militaire institué par la loi du 8 avril 1903.

Mention de la production de ces deux pièces est faite dans l'acte.

Art. 8. — Si l'engagé a été déclaré impropre au service ou classé dans le service auxiliaire par le conseil de revision, ou si, ayant déjà servi, il a été réformé, il justifie de sa position par pièces authentiques.

S'il a appartenu à l'inscription maritime, il doit présenter un acte de déclassement signé par l'administrateur de l'inscription maritime de son quartier.

Art. 9. — Les jeunes gens inscrits par le conseil de revision sur la première partie de la liste de recrutement cantonal peuvent, jusqu'au 30 septembre inclus, contracter un engagement de trois ans au moins.

Art. 10. — L'acte d'engagement volontaire est conforme au modèle joint au présent décret.

Art. 11. — Avant la signature de l'acte, le maire donne lecture à l'engagé :

1° Des paragraphes numérotés 1°, 2°, 3°, 4°, 5° et 6° du deuxième alinéa de l'article 50 de la loi du 21 mars 1905 ;

2° De l'article 83 de la même loi ;

3° De l'article 3 du présent décret ;

4° De l'acte d'engagement.

Les certificats et les autres pièces produites par l'engagé restent annexés à la minute de l'acte.

Art. 12. — Tout engagé volontaire reçoit immédiatement après la signature de son acte d'engagement une expédition de cet acte et un ordre de route.

ART. 13. — L'engagé se rend directement au corps.

Il est tenu de s'y présenter dans les délais fixés par son ordre de route.

ART. 14. — L'engagé volontaire qui conteste la légalité ou la régularité de l'acte qui le lie au service militaire adresse sa réclamation au préfet du département où l'acte a été reçu. Les préfets transmettent les demandes en annulation d'acte d'engagement volontaire au ministre de la guerre qui statue, s'il y a lieu, ou renvoie la contestation devant les tribunaux.

ART. 15. — L'engagé volontaire réformé pour des motifs autres que pour blessures reçues dans un service commandé ou pour infirmités contractées dans les armées de terre ou de mer peut être ultérieurement compris dans le contingent par le conseil de revision si les motifs de la réforme ont cessé d'exister.

Dans ce cas, il lui est tenu compte, sur la durée de son service légal, du temps qu'il a précédemment passé sous les drapeaux.

ART. 16. — Tout Français qui, en cas de guerre, demande à contracter un engagement pour la durée de la guerre, doit justifier :

1° Qu'il n'est pas tenu à l'obligation du service dans l'armée active, dans la réserve de ladite armée et dans l'armée territoriale ou dans les classes de la réserve de l'armée territoriale rappelées à l'activité ;

2° Qu'il est sain, robuste et en état de faire campagne;

3° Qu'il ne se trouve pas dans l'un des cas d'exclusion de l'armée prévus par l'article 4 de la loi du 21 mars 1905.

L'acte d'engagement pour la durée de la guerre est conforme au modèle annexé au présent décret.

Art. 17('). — Les jeunes gens admis à l'école spéciale militaire ou à l'école polytechnique et ceux qui ont été admis après concours à l'école normale supérieure, à l'école forestière, à l'école centrale des arts et manufactures, à l'école nationale des mines, à l'école des ponts et chaussées ou à l'école des mines de Saint-Etienne sont tenus de contracter un engagement volontaire d'une durée supérieure de deux ans à la période normale des études de l'école à laquelle ils sont admis.

Tout le temps passé à l'école en plus de la durée normale des études ne compte pas dans la durée de l'engagement.

Les contractants doivent justifier de l'aptitude physique exigée des autres engagés et fournir, outre les pièces que produisent ces derniers, un certificat constatant leur admission à l'école (modèle ci-annexé).

Les engagements sont souscrits pour l'une des armes de l'infanterie, de la cavalerie, de l'artillerie et du génie.

Les jeunes gens admis à l'école spéciale militaire et qui désirent servir dans la cavalerie comme officier doivent, en outre, justifier des conditions d'aptitude physique à l'emploi d'officier de cavalerie, déterminées par les instructions ministérielles pour l'admission dans cette école. Cette disposition est applicable aux jeunes gens admis à l'école spéciale militaire et liés antérieurement au service par un engagement volontaire, quelle que soit l'arme au titre de laquelle cet engagement a été souscrit.

Art. 18. — Les jeunes gens admis à l'école du service

(') Modifié par les décrets des 11 septembre 1906 et 27 avril 1912.

de santé militaire et ceux qui ont subi avec succès le concours d'admission à l'emploi d'élève en pharmacie du service de santé ou à l'emploi d'aide-vétérinaire stagiaire contractent, en entrant à l'école ou au moment de leur nomination à l'emploi, un engagement spécial (modèle ci-annexé) par lequel ils s'obligent à servir dans l'armée active pendant six ans au moins à dater de leur nomination au grade de médecin ou de pharmacien aide-major de 2ᵉ classe ou d'aide-vétérinaire.

Ceux qui n'ont pas encore été inscrits sur les tableaux de recensement s'engagent, en outre, par le même acte, à servir pendant un an dans un corps de troupe aux conditions ordinaires avant d'entrer à l'école du service de santé ou avant d'être affectés à l'un des deux emplois ci-dessus visés.

Art. 19. — Le ministre de la guerre est chargé de l'exécution du présent décret, qui sera inséré au *Bulletin des lois.*

Fait à Paris, le 27 juin 1905.

ÉMILE LOUBET.

Par le Président de la République :

Le Ministre de la guerre,
Maurice BERTEAUX.

ANNEXE

Article 1er du décret du 17 juin 1905.

Tableau indiquant la taille et le poids à exiger des engagés volontaires pour les différentes armes

DÉSIGNATION DES CORPS	MINI-MUM	MAXI-MUM	OBSERVATIONS
Infanterie :			
Régiments d'infanterie			Les hommes ayant moins de 1^m,54 doivent racheter ce défaut de taille par une constitution extrêmement vigoureuse et par une aptitude spéciale à la marche; ou exercer la profession de tailleur, de cordonnier ou de maréchal ferrant.
Bataillons de chasseurs à pied			
Régiments de zouaves	»	»	
Régiments de tirailleurs algériens . .			
Bataillons d'infanterie légère d'Afrique			
Régiment de sapeurs-pompiers. . . .	1^m,60	1^m,75	
Cavalerie (1) :			
Régiments de cuirassiers	1^m,70	1^m,85	Les hommes exerçant les professions de maréchal ferrant, sellier ou bourrelier, armurier, tailleur, bottier ou cordonnier, pourront être reçus à la taille de 1^m,68 pour les régiments de cuirassiers, 1^m,62 pour les régiments de dragons, 1^m,56 pour les régiments de chasseurs, de hussards et de chasseurs d'Afrique.
Régiments de dragons.	1^m,64	1^m,74	
Régiments de chasseurs et de hussards	1^m,59	1^m,68	
Régiments de chasseurs d'Afrique . .	1^m,59	1^m,72	
Artillerie :			Les hommes exerçant la profession de maréchal ferrant peuvent être reçus à la taille de 1^m,54 dans les batteries montées et de 1^m,60 dans les batteries à cheval, alpines et de montagnes ; les selliers, bourreliers, armuriers, tailleurs, bottiers, cordonniers, ouvriers en fer ou en bois sont acceptés sans condition de taille dans les batteries montées et à 1^m,60 dans les batteries à cheval, alpines et de montagne.
Artillerie de { Batteries montées. . .	1^m,60	»	
campagne { Batteries à cheval. . .	1^m,66	»	
Artillerie de montagne.	1^m,70	»	
Compagnies et sections d'ouvriers d'artillerie	»	»	
Artillerie à pied.	1^m,66	»	
Bataillons d'artillerie à pied	1^m,66	»	Une tolérance de taille jusqu'à 1^m,60 peut être accordée aux armuriers, tailleurs, bottiers, cordonniers, ouvriers en fer ou en bois.
Génie :			Les minima indiqués ci-contre pourront être abaissés ainsi qu'il suit pour les professions indiquées ci-après :
Sapeurs mineurs et sapeurs de chemins de fer	1^m,66	»	Pour les maréchaux ferrants : 1^m,54. Pour les selliers, bourreliers, armuriers, tailleurs, cordonniers, musiciens : sans condition de taille.
Sapeurs aérostatiers.	1^m,66	»	
Sapeurs télégraphistes.	»	»	Sans conditions de taille pour les selliers, bourreliers, armuriers, tailleurs, cordonniers, musiciens, cordiers, vanniers, mécaniciens de moteurs à explosion et aviateurs munis du brevet de pilote aviateur.
Train des équipages militaires . . .	1^m,66	»	

(1) Les hommes ne doivent être admis à s'engager dans la cavalerie que s'ils ne dépassent pas le poids maximum ci-après :

Cuirassiers. . . . . 75 kilogr.

Dragons . . . . 70 —

Cavalerie légère . . . . 65 —

Modèle n° 1. Article 10 du décret du 27 juin 1905.

ACTE D'ENGAGEMENT

L'an   , le   , à   heures, s'est présenté devant nous, (1)   de la commune d
                 , chef-lieu de canton   , département d
M. (2)   , âgé de   , exerçant la profession de (A)   , domicilié à   , canton d   , département d   , résidant à   , canton d   , département d
              , fils d   et d   , domiciliés à   ,
canton d   , département d   , cheveux
              , sourcils   , front   , yeux   , nez
              , bouche   , menton   , visage (3)
              , taille d'un mètre   centimètres;
Lequel, assisté de M. (4)   , âgé de   , exerçant la profession d   , domicilié à   , canton d   , département d   , et de M. (5)
              , âgé de   , exerçant la profession d   , domicilié à   , canton d   ,
département d   , appelés l'un et l'autre comme témoins conformément à la loi,
A déclaré vouloir s'engager pour servir dans l   (6)
                              ; à cet effet, il a fait la déclaration :
1° Qu'il n'est ni marié, ni veuf avec enfant ;
2° Qu'il n'est lié au service ni dans l'armée active, ni dans la réserve de ladite armée, ni dans l'armée territoriale, ni comme inscrit maritime.
M. (2)   nous
a présenté :
1° Un certificat délivré sous la date du
              , par (7)   , et constatant que
M. (2)   n'est atteint d'aucune in-

---

(1) Maire ou adjoint.
(2) Nom et prénoms.
(A) Si l'engagé a déjà servi, on indiquera à la suite de sa profession en quelle qualité et dans quel corps.
(3) Indiquer ici les marques particulières.
(4) Nom et prénoms du premier témoin.
(5) Nom et prénoms du deuxième témoin.
(6) Indiquer le corps choisi par l'engagé.
(7) Nom, grade et qualité de l'officier signataire du certificat.

firmité; qu'il a la taille et les autres qualités requises pour le (8)   dans lequel il demande à entrer ;

2⁰ Son acte de naissance (ʙ)   constatant qu'il est né le (9)   à
, canton d   , département d

3⁰ L'extrait de son casier judiciaire ;

4⁰ Un certificat de bonnes vie et mœurs délivré sous la date du   , par le maire d (10)   , conformément à l'article 50 de la loi du 21 mars 1905 ;

5⁰ (c)

6⁰ (ᴅ)

Nous, maire d   , après avoir reconnu la régularité des pièces produites par M. (2)
, lui avons donné lecture :

1⁰ Des paragraphes numérotés 1⁰, 2⁰, 3⁰, 4⁰, 5⁰ et 6⁰ du deuxième alinéa de l'article 50 de la loi du 21 mars 1905 ;

2⁰ De l'article 83 de la même loi, lequel ordonne de poursuivre comme insoumis les engagés volontaires qui ne se rendent pas à leur destination dans les délais prescrits ;

3⁰ De l'article 3 du décret du 27 juin 1905, d'après lequel les engagés volontaires peuvent toujours être changés de corps ou d'arme lorsque l'intérêt ou les besoins du service l'exigent.

Après quoi nous avons reçu l'engagement de M. (2)
, lequel a promis de servir avec fidélité et honneur pendant (11)   ans à partir de ce jour.

Lecture faite à M. (2)   et aux deux témoins ci-dessus dénommés du présent acte, ils ont signé avec nous(ᴇ).

---

(8) Désignation du corps; ce corps est indiqué par l'officier qui délivre le certificat d'après l'aptitude de l'engagé.

(ʙ) Si ce n'est pas un acte de naissance que l'engagé produit, on énoncera le titre qu'il présentera, conformément à l'article 46 du Code civil.

(9) Indication en toutes lettres du jour, du mois et de l'année de la naissance.

(10) Indiquer la commune.

(c) Si l'engagé a moins de vingt ans, on indiquera sous ce numéro le consentement qu'il est tenu de produire, conformément à la loi.

(ᴅ) On indiquera sous ce numéro les autres pièces que l'engagé devra produire dans les cas spécifiés soit à l'article 7, soit à l'article 8 du décret.

(11) Inscrire, suivant le cas, la mention : trois, quatre ou cinq ans.

(ᴇ) Si l'engagé ou les témoins ne peuvent signer, il sera fait mention de la cause qui les en empêchera, conformément à l'article 39 du Code civil.

Modèle nº 2. — Article 16 du décret du 27 juin 1905.

ACTE D'ENGAGEMENT

pour la durée de la guerre.

———

L'an   , le   , à   heures, s'est présenté devant nous, (1)   de la commune d   , chef-lieu de canton du département d

M. (2)   , âgé de   , exerçant la profession de (A)   , domicilié à   , canton d   , département d   , résidant à   , canton d   , département d   , fils d   .   et d   , domiciliés à   , canton d   , département d   , cheveux   , sourcils   , front   , yeux   , nez   , bouche   , menton   , visage (3)   , taille d'un mètre   centimètres ;

Lequel, assisté de M. (4)   , âgé de   , exerçant la profession d   , domicilié à   , canton d   , département d

Et de M. (5)   , âgé de   , exerçant la profession d   , domicilié à   , canton d   , département d   , appelés l'un et l'autre comme témoins, conformément à la loi,

A déclaré vouloir s'engager pour servir dans l   (6)   .

A cet effet, M. (2)   nous a présenté :

1º Un certificat délivré sous la date du

———

(1) Maire ou adjoint.
(2) Nom et prénoms.
(A) Si l'engagé a déjà servi, spécifier, d'après sa déclaration (à la suite de l'indication de sa profession), en quelle qualité et dans quel corps.
(3) Indiquer ici les marques particulières.
(4) Nom et prénoms du premier témoin.
(5) Nom et prénoms du deuxième témoin.
(6) Indication du corps choisi par l'engagé.

par (7)   , et constatant que M. (2)
n'est atteint d'aucune infirmité ; qu'il a la taille et les autres
qualités requises pour l   (8)   , dans lequel
il demande à entrer ;

   2° Son acte de naissance (B)   constatant qu'il
est né le (9)   à   , canton d   ,
département d   ;

   3° Un extrait de son casier judiciaire ;

   4° Un certificat délivré sous la date du
par le maire d   (10)   , et constatant que
M. (2) ·   ne se trouve pas dans l'un
des cas d'exclusion de l'armée prévus par l'article 4 de la loi
du 21 mars 1905 ;

   5° Un certificat du commandant du bureau de recrutement
de la subdivision d   (11)   ,
attestant que M. (2)   n'est pas tenu à
l'obligation du service de l'armée active, dans la réserve de
ladite armée et dans l'armée territoriale ou dans les classes
de la réserve de l'armée territoriale rappelées à l'activité.

   Nous, maire du chef-lieu de canton d   ,
après avoir reconnu la régularité des pièces produites par
M. (2)   lui avons donné lecture :

   1° Des articles 4, 52 et 53 de la loi du 21 mars 1905 ;

   2° De l'article 83 de la même loi, lequel ordonne de poursuivre comme insoumis les engagés volontaires qui ne se
rendent pas à destination dans les délais prescrits ;

   3° Des articles 3 et 16 du décret du 27 juin 1905, après
quoi nous avons reçu l'engagement de M. (2)
         , lequel a promis de servir avec fidélité et honneur.

   Lecture faite à M. (2)   et aux deux
témoins ci-dessus dénommés, du présent acte, ils ont signé
avec nous (C).

---

(7) Nom, grade et corps de l'officier signataire du certificat.
(8) D'signation du corps.
(B) Si ce n'est pas un acte de naissance que l'engagé produit, on énoncera le titre qu'il présentera, conformément à l'article 46 du Code civil.
(9) Indication du jour, du mois et de l'année de la naissance (en toutes
lettres).
(10) Indiquer la commune.
(11) Indiquer la subdivision.
(C) Si l'engagé ou les témoins ne peuvent signer, il sera fait mention de
la cause qui les en empêchera, conformément à l'article 39 du Code civil.

MODÈLE N° 3. — Article 17 du décret du 27 juin 1905.

ACTE D'ENGAGEMENT

*spécial aux jeunes gens reçus à l'école spéciale militaire,
à l'école polytechnique, à l'école normale supérieure, à
l'école forestière, à l'école centrale des arts et manufactures, à l'école nationale des mines, à l'école des ponts
et chaussées ou à l'école des mines de Saint-Étienne.*

———

L'an   , le   , à   heures,
s'est présenté devant nous (1)   de la commune
d   , chef-lieu de canton   , département d
M. (2)   , âgé de   ,
domicilié à   , canton d   ,
département d   , résidant à   ,
canton d   , département d   , fils
d   et d   , domiciliés à   ,
canton d   , département d   , cheveux   ,
sourcils   , front   , yeux   , nez   ,
bouche   , menton   , visage (3)   ,
taille d'un mètre   centimètres ;
      Lequel, assisté de M. (4)   , âgé de   ,
exerçant la profession de   , domicilié à   ,
canton d   , département d   ,
et de M. (5)   , âgé de   , exerçant la
profession d   , domicilié à   ,
canton d   , département d   ,
appelés l'un et l'autre comme témoins, conformément à la loi,
      A déclaré vouloir s'engager pour servir dans (6)   .

———

(1) Maire ou adjoint.
(2) Nom et prénoms.
(3) Indiquer ici les marques particulières.
(4) Nom et prénoms du premier témoin.
(5) Nom et prénoms du second témoin.
(6) Indiquer le corps choisi par l'engagé, ou l'arme, s'il entre à l'école
au lieu de faire immédiatement sa première année de service.

A cet effet, il nous a présenté :

1º Un certificat délivré sous la date du   ,
par (7)   , attestant que M. (2)   a été
reçu le   , à l'Ecole   ;

2º Son acte de naissance (8)   , constatant
qu'il est né le (9)   , à   ,
canton d   , département d   ;

3º Un certificat délivré sous la date du   ,
par (10)   et constatant que M. (2)
n'est atteint d'aucune infirmité, qu'il a les qualité requises
pour le service militaire ;

4º L'extrait de son casier judiciaire ;

5º Un certificat de bonnes vie et mœurs délivré sous la date
du   , par le maire d (11)   ,
conformément à l'article 50 de la loi du 21 mars 1905 ;

6º (12)

Nous, maire d   , après avoir reconnu la
régularité des pièces produites par M. (2)   ,
lui avons donné lecture :

1º De l'article 23 de la loi du 21 mars 1905 ;

2º De l'article 17 du décret du 27 juin 1905, modifié par les
décrets des 11 septembre 1906 et 27 avril 1912.

Après quoi nous avons reçu l'engagement de M. (2)
            , lequel a promis de servir avec fidélité et honneur
pendant (13)   ans, à partir de ce jour.

Lecture faite à M. (2)   , et aux deux témoins
ci-dessus dénommés, du présent acte, ils ont signé avec nous.

(7) Nom et qualité du signataire du certificat.

(8) Si ce n'est pas un acte de naissance que l'engagé produit, on énoncera le titre qu'il présentera conformément à l'article 46 du Code civil.

(9) Indication en toutes lettres du jour, du mois et de l'année de la
naissance.

(10) Nom, grade et qualité de l'officier signataire du certificat.

(11) Indiquer la commune.

(12) Si l'engagé a moins de vingt ans, on indiquera sous ce numéro
le consentement qu'il est tenu de produire conformément à la loi.

(13) Suivant le cas : quatre ans pour les élèves de l'école spéciale militaire, de l'école polytechnique et de l'école forestière, de cinq ans pour
les élèves de l'école normale supérieure, de l'école centrale et de l'école
des mines de Saint-Etienne, six ans pour les élèves de l'école nationale des
mines et de l'école des ponts et chaussées (*Circul. du 12 septembre 1906*).

ACTE D'ENGAGEMENT

spécial aux jeunes gens nommés élèves de l'école du service de santé militaire, élèves en pharmacie du service de santé militaire et aides-vétérinaires stagiaires à l'école d'application de cavalerie.

———

L'an   , le   , à   heures, s'est présenté devant nous, maire d   , département d   , M. (1)   , né le (2)   , à   , canton d   , département d   , âgé de   , domicilié à   , canton d   , département d   , fils d   et de   , domiciliés à   , canton d   , département d   , cheveux   , sourcils   , front   , yeux   , nez   , bouche   , menton   , visage   , taille d'un mètre   centimètres ;

Lequel, assisté de M. (3)   , âgé de   , exerçant la profession d   , domicilié à   , canton d   , département d   , et de M. (4)   , âgé de   , exerçant la profession d   , domicilié à   , canton d   , département d   , appelés l'un et l'autre comme témoins, conformément à la loi,

———

(1) Nom et prénoms.
(2) An, mois, jour en toutes lettres.
(3) Nom et prénoms du premier témoin.
(4) Nom et prénoms du deuxième témoin.

A déclaré vouloir souscrire l'engagement prévu par l'article 26 de la loi du 21 mars 1905 (5).

A cet effet, il nous a présenté :

1° Un certificat délivré sous la date du   , par (6)   , attestant que M. (1) ·   a été admis le   comme élève (A)   ;

2° Un certificat en date du   , délivré par (7) et constatant que M. (1)   n'est atteint d'aucune infirmité et qu'il a les qualités requises pour le service militaire ;

3° Son acte de naissance constatant qu'il est né le   , à   , canton d   , département d   ;

4° L'extrait de son casier judiciaire.

Nous, maire d   , après avoir reconnu la régularité des pièces produites par M. (1)   , lui avons donné lecture :

1° De l'article 26 de la loi du 21 mars 1905 ;

2° De l'article 18 du décret du 27 juin 1905.

Après quoi, nous avons reçu l'engagement de M. (1)   , lequel a promis de servir avec fidélité et honneur dans l'armée active pendant six ans, à partir de sa nomination au grade de (B)   .

Lecture faite à M. (1)   et aux témoins ci-dessus dénommés, du présent acte, ils ont signé avec nous.

---

(5) Si l'engagé n'a pas encore été inscrit sur les tableaux de recensement, on ajoutera ici : « et s'engager en outre pour servir pendant un an dans le   °régiment d   ».

(6) Nom et qualités du signataire du certificat.

(A) Suivant le cas : «élève de l'école du service de santé militaire », ou « élève en pharmacie du service de santé militaire » ou « aide-vétérinaire stagiaire à l'école d'application de cavalerie».

(7) Nom, grade et qualité de l'officier signataire du certificat.

(B) Suivant le cas : médecin ou pharmacien aide-major de 2° classe, ou aide-vétérinaire. Si l'engagé n'a pas encore été inscrit sur les tableaux de recensement, ajouter : «et en outre pendant un an à partir de ce jour ».

Modèle n° 5. — Article 4 du décret du 27 juin 1905.

CERTIFICAT D'APTITUDE (*)

délivré par l'autorité militaire à M.
qui a déclaré vouloir servir comme engagé volontaire.

Nous, soussigné (1)   , certifions que nous avons fait visiter en notre présence par M. (2)

M. (3)   , né le   , à   ,
canton d   , département d   , et
résidant à   , canton d   , département d   , fils d (4)   , et d (5)
       , domiciliés à   , canton
d   , département d   , taille
d'un mètre   centimètres, cheveux   , sourcils
       , yeux   , nez   , bouche   ,
menton   , visage (6)   , et qu'il résulte de
cette visite que M (3)   n'est atteint d'aucune
infirmité ; qu'il est sain, robuste et bien constitué.

En conséquence, et après avoir reconnu par nous-même qu'il réunit la taille et les autres qualités requises pour le (7)   ,

Nous déclarons que l'acte d'engagement qu'il demande à contracter pour servir dans le (7)   peut être reçu.

En foi de quoi, nous lui avons délivré le présent certificat, signé de nous et de M. (2)

Fait à   , le   19

(8)
(9)   (10)

(*) Ce certificat n'est valable que pour 48 heures.
(1) Indication du nom, du grade, du corps et de l'arme de l'officier signataire du certificat.
(2) Indiquer ici le nom et le grade du médecin militaire qui a visité l'engagé.
(3) Nom et prénoms de l'engagé.
(4) Prénoms du père.
(5) Nom et prénoms de la mère.
(6) Indiquer ici les marques particulières.
(7) Désignation du corps choisi par l'engagé.
(8) Signature de l'engagé.
(9) Signature du docteur.
(10) Signature de l'officier qui a établi le certificat.

MODÈLE Nº 6. — Article 5 du décret du 27 juin 1905.

CERTIFICAT

délivré conformément à l'article 50 de la loi du 21 mars 1905 à M. (1)   , qui a déclaré vouloir servir comme engagé volontaire.

DÉPARTEMENT

d

—

CANTON

d

—

COMMUNE

d

Dans le cas où le maire de la commune ne connaîtrait pas la personne qui ferait la demande de ce certificat, il devra en constater légalement l'identité et recueillir les preuves et témoignages qu'il jugera convenables pour arriver à la connaissance de la vérité.

Nous, soussigné, maire de la commune d   , canton d   , département d
Attestons :
1º Que M. (1)   ., fils d   et d   ,
domiciliés à   , canton d   , département d
, né le   , à   ,
canton d   , département d
(ainsi qu'il résulte de son acte de naissance dûment légalisé), cheveux   , sourcils   , yeux   , front   , nez   ,
bouche   , menton   , visage   , teint (2)   , taille d'un mètre   centimètres, est (ou a été) domicilié dans la commune d
depuis le (3)   mil
jusqu'au (3)   mil
2º Qu'il est de bonnes vie et mœurs.
En foi de quoi nous lui avons délivré le présent certificat.
Fait à   , le   19 .

(Signature du maire.)   Vu pour la légalisation :

Le préfet du département d

NOTA. — Si l'engagement est contracté dans le département où l'engagé volontaire est domicilié, la légalisation de la signature du maire n'est point indispensable.

---

(1) Nom et prénoms de l'homme qui se présente.
(2) Indiquer ici les marques particulières.
(3) Mettre la date et le millésime en toutes lettres.

Modèle n° 7. — Article 17 du décret du 27 juin 1905.

CERTIFICAT D'ADMISSION

à l'École (1)

———

Nous, soussigné, (2)   , certifions que (3)
          , né le (4)   , à   , canton
d   , département d   , fils d
    et d   , domiciliés à   , canton
d   , département d   , a été admis,
sous le numéro   , à l'école (1)   , le (4)   .
     Fait à   , le   19   .

———

(1) Polytechnique, forestière, centrale des arts et manufactures, spéciale militaire, normale supérieure, nationale des mines, des ponts et chaussées et des mines de Saint-Etienne.
(2) Nom, grade et qualité du signataire du certificat.
(3) Nom et prénoms.
(4) Jour, mois et année.

===

Modèle n° 8. — Article 18 du décret du 27 juin 1905.

CERTIFICAT D'ADMISSION

à l'École (1)

———

Nous, soussigné, (2)   , certifions que
M. (3)   , né le (4)
à   , canton d   , département d   , fils d   et d
    , domiciliés à   , canton d
    , département d   , a été admis (5)
                    le (4)
     Fait à   , le   19   .

———

(1) Du service de santé militaire ou à l'emploi d'élève en pharmacie du service de santé ou d'aide-vétérinaire stagiaire.
(2) Nom et qualité du signataire du certificat.
(3) Nom et prénoms.
(4) Jour, mois et année.
(5) Suivant le cas : à l'école du service de santé militaire ; à l'emploi d'élève en pharmacie du service de santé, avec... inscriptions ; à l'emploi d'aide-vétérinaire stagiaire avec le n°...